차 근 차 근

초등영어
교과서
미리쓰기

3학년

사람in
saram
in.com

차근차근 초등영어 교과서 미리 쓰기 3학년

저자 | AST Jr. English Lab
초판 1쇄 발행 | 2016년 4월 25일
초판 5쇄 발행 | 2023년 8월 1일

발행인 | 박효상
편집장 | 김현
편집 | 장경희, 김효정
디자인 | 임정현
마케팅 | 이태호, 이전희
관리 | 김태옥

종이 | 월드페이퍼
인쇄 · 제본 | 예림인쇄 · 바인딩

출판등록 | 제10-1835호
발행처 | 사람in
주소 | 04034 서울시 마포구 양화로11길 14-10(서교동 378-16) 3F
전화 | 02) 338-3555(代) 팩스 | 02) 338-3545
E-mail | saramin@netsgo.com
Website | www.saramin.com

:: 책값은 뒤표지에 있습니다.
:: 파본은 바꾸어 드립니다.

우아한 지적만보, 기민한 실사구시 **사람in**

엄마들이 꼭 알아야 할 초등영어 학습 비법

Q: 왜 쓰면서 영어를 공부해야 할까요?

A: 글씨를 쓸 때는 운동 능력과 인지 능력이 함께 사용됩니다. 스스로 몸을 움직여 글씨를 쓴다(운동 능력)는 것은 글자를 깨우쳤다(인지 능력)는 것을 의미합니다. 그 글자를 통해 자신의 생각과 느낌을 다른 사람과 나눌 수 있게 되므로 우리는 '쓰기'라는 행위에 주목해야 합니다. 영어 문장 따라 쓰기는 단순한 글씨 베끼기가 아니라 글자를 단어로 만들고, 단어를 문장으로 만드는 과정이며, 이를 통해 영어 구사력을 키울 수 있는 가장 좋은 학습 장치입니다.

Q: 쓰기 연습은 나중에 시켜도 되지 않을까요?

A: 초등학교 생활에서 글씨 쓰기는 생각보다 많은 부분을 차지합니다. 수업시간에 여러 가지 활동을 하면서 글을 쓰고, 집에서 숙제를 하면서 글을 쓰고, 얼마나 잘 배웠는지 시험을 볼 때도 글을 씁니다. 그렇기 때문에 쓰기 능력이 떨어지는 아이는 학교 수업 수행 능력에 중대한 영향을 받게 되고 자신감을 잃기 쉽습니다. 학교는 아이들이 무엇을 얼마나 잘 배웠는지 쓰기로 판단합니다.

Q: 원어민 선생님이 필요하지 않을까요?

A: 아무리 훌륭한 식사라도 스스로 씹지 않으면 소화가 되지 않습니다. 중요한 것은 공부를 많이 하는 것이 아니라 스스로 하는 것입니다. 쓰기는 억지로 시킬 수 없습니다. 몸을 통째로 – 눈, 팔, 손 – 움직여야 제대로 쓸 수 있습니다. 스스로 해야만 완성할 수 있기 때문에 쓰기는 자신의 힘으로 문제를 해결하는 법을 터득하는 자기주도 학습의 시작점입니다.

Q: 어떻게 빨리 늘까요?

A: 진정한 실력은 한 가지를 알아도 제대로 아는 것입니다. 학습을 차근차근 다지는 일에 힘을 쏟은 학생은 학년이 올라갈수록 두각을 나타내게 됩니다. 스스로 의지를 갖고 노력하다 보면 차츰 높은 수준의 사고력을 발휘하게 되고, 자연히 창의적으로 문제를 해결하는 능력도 익히게 되는 것입니다.

초등학교 시절부터 스스로 학습하는 태도를 익히는 것이야 말로 우리 아이의 학습력을 꾸준히 상승시킬 수 있는 가장 쉬운 방법입니다!

활용

이 책으로 초등영어 교과서 문장 미리 배우기!

초등영어 교과서 의사소통
문장을 쓰면서 따라 읽어요.
따라 말하고 쓰다 보면 어느새
저절로 외워져요.

QR코드로 원어민 선생님의 발음을 들을 수 있어요.
오디오파일(MP3)은 www.saramin.com 자료실에서
다운로드 받을 수 있어요.

쉽고 재미있게 초등 학습과정에
꼭 필요한 언어형식을 배워요.

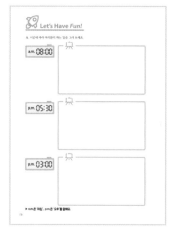

그동안 배운 내용을 바탕으로
신나는 응용 활동을 해 봐요.

이 책으로 스스로 공부하는 습관 기르기!

▶ 나에게 알맞은 학습량을 스스로 정해 보세요.

☐ 2주 완성: 1일 4장씩   ☐ 4주 완성: 1일 2장씩   ☐ 8주 완성: 1일 1장씩

▶ 공부한 만큼 학습 진도표를 색칠하며 목표를 달성해 보세요.

Unit **01**	Unit **02**	**Rule 01**	Let's Have *Fun!*	Unit **03**	Unit **04**	**Rule 02**
Let's Have *Fun!*	Unit **05**	Unit **06**	**Rule 03**	Let's Have *Fun!*	Unit **07**	Unit **08**
Rule 04	Let's Have *Fun!*	Unit **09**	Unit **10**	**Rule 05**	Let's Have *Fun!*	Unit **11**
Unit **12**	**Rule 06**	Let's Have *Fun!*	Unit **13**	Unit **14**	**Rule 07**	Let's Have *Fun!*
Unit **15**	Unit **16**	**Rule 08**	Let's Have *Fun!*	Unit **17**	Unit **18**	**Rule 09**
Let's Have *Fun!*	Unit **19**	Unit **20**	**Rule 10**	Let's Have *Fun!*	Unit **21**	Unit **22**
Rule 11	Let's Have *Fun!*	Unit **23**	Unit **24**	**Rule 12**	Let's Have *Fun!*	Unit **25**
Unit **26**	**Rule 13**	Let's Have *Fun!*	Unit **27**	Unit **28**	**Rule 14**	Let's Have *Fun!*

목차

알파벳 Aa-Zz 쓰기

alligator   Aa

bee   Bb

cat   Cc

deer   Dd

eagle   Ee

fox   Ff

giraffe   Gg

hippo   Hh

iguana   Ii

jaguar   Jj

kangaroo   Kk

lion   Ll

monkey   Mm

newt — N n

octopus — O o

pig — P p

quail — Q q

rabbit — R r

snake — S s

tiger — T t

uakari — U u

vulture — V v

wolf — W w

x-ray fish — X x

yak — Y y

zebra — Z z

반갑게 인사할 수 있어요.

▶ 가볍게 인사할 때

Hi.
안녕.

Hi.

Hello.
안녕.

Hello

▶ 점잖게 인사할 때

How are you?
잘 지내세요?

How are you?

쓰면서 잘 들어 보세요. ➔ 큰 소리로 따라 말해 보세요. ☐☐☐☐☐

▶ 격식 없이 인사할 때

How's it going?

How's it going?

잘 지내니?

▶ 친한 친구를 만났을 때

What's up?

What's up?

요즘 어때?

▶ 인사에 대답할 때

Fine

Fine.

잘 지내.

Good

Good.

좋아.

Not bad.

Not bad.

그냥 그래.

▶ 날이 밝은 후부터 정오(12시)까지의 시간

morning

아침

▶ 정오(12시)부터 밤 6시까지의 시간

afternoon

오후

▶ 밤 6시부터 잠자리에 들기까지의 시간

evening

저녁

▶ 해가 져서 어두워진 후부터 날이 밝기까지의 시간

night

밤

▶ 날씨가 맑거나 고른

good

좋은

시간에 따라 다르게 인사할 수 있어요.

Good morning.
Good morning.

(아침에 만났을 때)안녕.

Good afternoon.

(오후에 만났을 때)안녕.

Good afternoon.

Good evening.
Good evening.

(저녁에 만났을 때)안녕.

Good night.
Good night

(밤에 헤어질 때 / 잠자리에 들 때)잘 자.

 **Rule 01.** Sentences

My name is Ben.

How are you?

▶ 영어 문장은 항상 대문자로 시작해요.

A. 다음 문장을 바르게 써 보세요.

the dog is my pet.

➜ _____

his name is Spot.

➜ _____

he can bark.

➜ _____

his tail is curled.

➜ _____

Good morning.

▶ 단어와 단어 사이를 손가락만큼 띄어요.

B. 다음 문장을 띄어쓰기에 주의하여 써 보세요.

I can put a space between words.

Let's Have *Fun!*

A. 시간에 따라 여러분이 하는 일을 그려 보세요.

a.m. 08:00

p.m. 05:30

p.m. 10:00

Tip. a.m.은 '아침', p.m.은 '오후'를 말해요.

B. 시간에 따른 알맞은 인사말을 쓰세요.

1.

_____

- - - - - - - - - - - - - - - - -

_____

2.

_____

- - - - - - - - - - - - - - - - -

_____

3.

_____

- - - - - - - - - - - - - - - - -

_____

Tip. 각 시계가 어느 때를 나타내는지 알아보세요.

Nice to meet you.
만나서 반가워.

▶ 기쁘고 만족스러운 감정을 설명하는 말

nice

좋은, 즐거운

glad

반가운, 기쁜

happy

기쁜, 행복한

good

기쁜, 좋은

▶ 누군가 가거나 와서 둘이 서로 마주 보다

meet

만나다

meet you

너를 만나다

처음 만났을 때 반가움을 표현할 수 있어요.

Nice to meet you.
만나서 반가워.

Nice to meet you.

Glad to meet you.
만나서 반가워.

Glad to meet you.

Happy to meet you.
만나서 기뻐.

Happy to meet you.

Good to meet you.
만나서 기뻐.

Good to meet you.

What's your name?
네 이름이 뭐니?

▶ 다른 사람이나 사물과 구별하기 위해 붙인 것

name

이름

▶ 어떤 것을 가진 사람을 알려주는 말

your

너의

her

그녀의

your name

너의 이름

her name

그녀의 이름

▶ 어떤 궁금한 내용에 대해 물을 때

What is ~?

~이/는 무엇이니?

What's ~?

Tip. What is ~?는 What's ~?로 줄여서 말할 수 있어요.

이름을 묻고 답할 수 있어요.

What's your name?

네 이름이 뭐니?

What's your name?

My name is Sora.

내 이름은 소라야.

My name is Sora.

What is her name?

그녀의 이름이 뭐니?

What is her name?

Her name is Mia.

그녀의 이름은 미아야.

Her name is Mia.

Tip. My는 '나의'라는 뜻이에요.

21

사람의 이름

Mark

Kate

반려동물의 이름

Spy

Rex

특별한 장소의 이름

Seoul

Canada

▶ 사람, 반려동물, 특별한 장소의 이름처럼 세상에서 그것 하나 밖에 없는 것은 대문자로 시작해요.

노란 상자 부분을 올바로 고쳐 써 보세요.

mark has a cat and a fish.

➡

The cat's name is bonbon.

➡

The fish's name is tiki.

➡

They live in china.

➡

 **Let's Have *Fun!***

A. 잘 듣고, 빈칸에 알맞은 말을 쓰세요.

Hello.

Hi!

My [   ] is Yuri.
What's your name?

[   ] name is Suho.

[   ] to meet you.

Nice to meet you, too.

우리나라는 이름을 말할 때 성을 먼저 쓴 다음에 이름을 말해요.

성   이름

그런데 영어권 문화에서는 이름을 먼저 쓰고 그 다음에 성을 써요.
그래서 이름은 영어로 first name이라고 하고, 성은 last name이라고 해요.
(first 첫 번째 / last 마지막, 끝)

Brad Pitt

First name   **Last name**

B. 여러분의 이름을 영어로 써 보세요.

First name	Last name

How old are you?
너는 몇 살이니?

▶ **사람을 설명할 때**

I am

나는 ~이다

you are

너는[너희들은] ~이다

they are

그들은 ~이다

▶ **나이를 표현하는 말**

years old

~ 살

ten years old

열 살, 10 살

▶ **앞의 친구나 여러 사람의 나이를 물을 때**

How old are ~?

~는/들은 몇 살이니?

친구의 나이를 묻고 답할 수 있어요.

How old are you?

너는 몇 살이니?

How old are you?

I'm ten years old.

나는 열 살이야.

I'm ten years old.

How old are they?

그들은 몇 살이니?

How old are they?

They're seven years old.

그들은 일곱 살이야.

They're seven years old.

How old is she?
그녀는 몇 살이니?

▶ 사람을 설명할 때

she is

그녀는 ~이다

she's

he is

그는 ~이다

he's

▶ 나이를 표현하는 말

years old

~ 살

eleven years old

11살, 열한 살

▶ 그녀나 그의 나이를 물을 때

How old is ~?

~는 몇 살이니?

Tip. she is ~, he is ~는 she's ~, he's ~로 줄여서 말할 수 있어요.

그녀나 그의 나이를 묻고 답할 수 있어요.

How old is she?

그녀는 몇 살이니?

How old is she?

She's eleven years old.

그녀는 11살이야.

She's eleven years old.

How old is he?

그는 몇 살이니?

How old is he?

He's six years old.

그는 6살이야.

He's six years old.

Rule 03. Pronouns

I 나는   you 너, 너희들은

she 그녀는   he 그는

they 그들은   we 우리는

▶ 사람 이름을 대신하는 말을 **대명사**라고 해요.

A. 그림을 보고 알맞은 대명사에 동그라미 하세요.

Kate

Ⓘ
you

Tom

I
you

mom

he
she

dad

he
she

mom

we
they

mom   dad

we
they

월   일

B. 노란색 표시한 단어를 대명사로 바꿔 써 보세요.

Jules is a pretty girl.

➡ _____

Ben is a tall boy.

➡ _____

Jules and Ben are friends.

➡ _____

How old is the man?

➡ _____

My friends and I are ten years old.

➡ _____

 **Let's Have *Fun!***

A. 잘 듣고, 빈칸에 알맞은 말을 쓰세요.

Hello. My _____ is Judy.
What's your name?

Hi.
_____ Andy.

How _____ are you?

I'm ten years old.
And you?

Me, too.
We can be good friends.

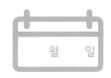

B. 질문에 답하고 알맞은 수의 초를 그려 보세요.

How old are you?

What's this?

이것은 뭐니?

▶ 사물을 설명할 때

this is

이것은 ~이다

that is

저것은 ~이다

that's

it is

그것은 ~이다

it's

Tip. 보통 this is는 줄여 쓰지 않아요.

▶ 한 개를 나타내는 'a'

a map

지도

a ship

배

가리키는 게 무엇인지 묻고 답할 수 있어요.

What's this?
What's this?

이것은 뭐니?

This is a map.
This is a map.

이건 지도야.

What's that?
What's that?

저것은 뭐니?

It's a ship.
It's a ship.

그건 배야.

Tip. 나와 가까운 것은 this로, 멀리 있는 것은 that으로 말해요.

What are these?

이것들은 뭐니?

▶ 여러 개의 사물을 설명할 때

these are

이것들은 ~이다

those are

저것들은 ~이다

they are

그것들은 ~이다

they're

Tip. they are ~는 they're ~로 줄여 말할 수 있어요.

▶ 여러 개를 나타내는 '-s'

maps

지도들

ships

배들

여러 개가 있을 때 무엇인지 묻고 답할 수 있어요.

What are these?

이것들은 뭐니?

What are these?

These are maps.

이것들은 지도들이야.

These are maps.

What are those?

저것들은 뭐니?

What are those?

They're ships.

그것들은 배들이야.

They're ships.

Tip. 나와 가까운 것들은 these로, 멀리 있는 것들은 those으로 말해요.

37

Rule 04. Nouns

boy, teacher, baby, Tom - 사람

school, beach, store - 장소

cat, car, carrot, leaf - 사물

▶ 사람, 장소, 또는 사물을 부르는 이름을 **명사**라고 해요.

A. 다음 단어들을 아래 표의 알맞은 칸에 쓰세요.

사람	장소	사물

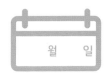

boy – boys 대부분 끝에 s를 더해요.

baby – babies 「자음+y」로 끝나면 y를 지우고 ies를 붙여요.

beach – beaches ch, s, sh, x, z로 끝나면 es를 붙여요.

leaf – leaves f, fe로 끝나면 f, fe를 지우고 ves를 붙여요.

▶ 여러 개 있는 것을 말할 때 명사의 형태가 바뀌어요.

B. 주어진 명사를 그림에 일치하도록 바꿔 쓰세요.

teacher

cat

toy

apple

store

loaf

Tip. 모음 a, e, i, o, u를 제외한 나머지 알파벳을 자음이라고 해요.

 **Let's Have *Fun!***

A. 잘 듣고 문장을 완성하세요.

2. That is _____ .

1. This is _____ .

a comic book

candies

a photo

cookies

3. These are _____ .

4. Those are _____ .

40

B. 옆의 그림을 참고하여 대화를 완성해 보세요.

1. A: **What is this?**

   B:

2. A: **What is that?**

   B:

3. A: **What are these?**

   B:

4. A: **What are those?**

   B:

Who is she?

그녀는 누구니?

▶ 내 주변 사람

teacher

선생님

dad

아빠

my

나의

my dad

우리 아빠

▶ 어떤 사람에 대해 물을 때

Who is ~?

~는 누구니?

Who's ~?

Tip. Who is ~?는 Who's ~?로 줄여 말할 수 있어요.

누구인지 묻고 답할 수 있어요.

Who is she?
Who is she?

그녀는 누구니?

She's my teacher.

그녀는 우리 선생님이야.

She's my teacher

Who is he?
Who is he?

그는 누구니?

He is my dad

He is my dad.

그는 우리 아빠야.

Tip. 이때 my는 '우리'로 해석하는 것이 자연스러워요.

Who are they?

그들은 누구니?

▶ 친척들

grandparents

할머니 할아버지

uncle

삼촌

uncles

삼촌들

▶ 누구와 관련 있는지 나타내는 말

his

그의

her

그녀의

▶ 여러 사람에 대해 물을 때

Who are ~?

~들은 누구니?

Who're ~?

여러사람이 있을 때, 누구인지 묻고 답할 수 있어요.

Who are they?
그들은 누구니?

Who are they?

They're his grandparents.
그들은 그의 할머니 할아버지야.

They're his grandparents.

Who are you?
당신들은 누구세요?

Who are you?

We're her uncles.
우리는 그녀의 삼촌들이야.

We're her uncles.

Rule 05. Be Verbs

I am 나는 ~이다   you are 너는[너희들은] ~이다

she is 그녀는 ~이다   he is 그는 ~이다

they are 그들은 ~이다   we are 우리들은 ~이다

▶ be 동사는 '~이다'라는 의미로 앞에 오는 주어에 따라 모양이 달라져요.

A. 알맞은 것끼리 연결한 후, 써 보세요.

she	we	he

are	is	am

you	I	they

she		he	
I		you	
we		they	

I'm   나는 ~이다   you're   너는[너희들은] ~이다

she's   그녀는 ~이다   he's   그는 ~이다

they're   그들은 ~이다   we're   우리들은 ~이다

▶ 주어와 be동사는 줄여서 쓸 수 있어요.

B. 글자를 연결하여 줄임말을 완성한 후, 써 보세요.

we	she	he

   'm   're

they	you	I

| I | am | = | | you | are | = | |

| we | are | = | | they | are | = | |

| she | is | = | | he | is | = | |

 **Let's Have *Fun!***

A. 잘 듣고, 빈칸에 알맞은 말을 쓰세요.

How was your field trip?

It was fun. Here are some pictures.

Let me see.
Who are [ ] ?

[ ] are John and Sumin.

Who is [ ] next to you?

[ ] is Minho.
He is very funny.

B. 다음 사진을 보고 누군지 알아 맞혀 보세요.

Who is he?

He is   .

She's tall.

그녀는 키가 커.

▶ 사람에 대해 말할 때

I'm

나는 ~이다

she's

그녀는 ~이다

he's

그는 ~이다

they're

그들은 ~이다

▶ 외모를 설명하는 말

skinny

깡마른

chubby

통통한

tall

(키가) 큰

short

(키가) 작은

cute

귀여운

외모를 설명할 수 있어요.

I'm skinny
I'm skinny.

나는 깡말랐어.

I'm chubby.
I'm chubby.

나는 통통해.

She's tall.
She's tall.

그녀는 키가 커.

He's short.
He's short.

그는 키가 작아.

They're cute.
They're cute.

그들은 귀여워.

Unit 12

월 일

We're happy.

우리는 행복해.

▶ 여럿에 대해 말할 때

we're

우리는 ~이다

they're

그들은 ~이다

▶ 기분을 설명하는 말

happy

행복한

excited

신나는

tired

피곤한

sad

슬픈

bored

지루한

angry

화난

기분을 말할 수 있어요.

We're happy.
우리는 행복해.

We're happy.

We're excited.
우리는 신났어.

We're excited.

They're tired.
그들은 피곤해.

They're tired.

They're sad.
그들은 슬퍼.

They're sad.

They're angry.
그들은 화났어.

They're angry.

Rule 06. Adjectives

pretty flowers　　tall trees　　fat cats

cute girls　　　　happy days　　shy boys

▶ 명사를 설명해 주는 단어들을 형용사라고 해요.

▶ 외모를 설명하는 형용사

short	tall	thin
키가 작은	키가 큰	빼빼 마른

fat	pretty	beautiful
뚱뚱한	예쁜	아름다운

handsome	cute
잘생긴	귀여운

▶ 감정을 설명하는 형용사

happy	sad	tired
행복한	슬픈	피곤한

excited	surprised	shy
신나는	놀란	수줍어 하는

월 일

질문에 답하고 그에 알맞은 얼굴을 그려 보세요.

How are you feeling today?

I'm _____.

 **Let's Have *Fun!***

A. 잘 듣고, 빈칸에 알맞은 말을 쓰세요.

Mom, there's Mr. Tim over there.

He's my math teacher.

He's [   ] and handsome.
He's wearing a brown jacket.

[   ] is he?

Where is he? Can you describe him?

Oh, there he is.
Let's say ' [   ] '
to him.

월 일

B. 가로와 세로를 참고하여 십자말풀이를 완성하세요.

〈가로〉

2. 빼빼 마른
3. 행복한
6. 잘생긴
9. 피곤한
10. 뚱뚱한
12. 아름다운

〈세로〉

1. 신나는
4. 예쁜
5. (키가) 작은
7. 놀란
8. 슬픈
11. 귀여운

Look out!

조심해!

위험을 경고할 수 있어요.

Look out!
조심해!

Look out!

Watch out!
조심해!

Watch out!

Be careful!
조심해!

Be careful!

Watch out for cars!
차 조심해!

Watch out for cars!

Beware of the dog!
개 조심해!

Beware of the dog!

Do not run!
뛰지 마.

▶ 어떤 행동에 대해 주의를 줄 때

Do not ~

~하지 마

Don't ~

▶ 행동을 나타내는 말

run

뛰다

cry

울다

sleep

잠을 자다

touch

만지다

move

움직이다

어떤 행동을 하거나 삼가도록 주의를 줄 수 있어요.

Do not run!

Do not run!

뛰지 마!

Do not cry!

Do not cry!

울지 마!

Don't sleep!

Don't sleep!

자지 마!

Don't touch!

Don't touch!

만지지 마!

Don't move!

Don't move!

움직이지 마!

Don't touch that stove!

▶ 명령이나 주의를 주는 문장의 끝에는 느낌표(!)를 써요.

A. 문장 끝에 들어갈 알맞은 것을 아래에서 찾아 문장을 완성하세요.

1. What is your name ⬜

2. Do not run ⬜

3. Don't sleep ⬜

4. Who is he ⬜

5. Don't move ⬜

?   ?   !   !   !

B. 명령하는 문장에는 파란색을, 경고하는 문장에는 빨강색을 칠하세요.

Don't laugh!	Be careful!	Read your book!	Do your homework!
Don't touch!	Look out!	Listen to me!	Watch out!

Tip. 명령하는 문장은 '~해', '~하지 마'라는 것으로 Do / Don't / Read / Listen… 같이 동작을 나타내는 말이 맨 앞에 와요.
경고하는 문장은 '조심해'라는 뜻을 가지고 있어요.

 **Let's Have *Fun!***

A. 표지판에 알맞은 문장을 찾아 연결하세요.

Don't run!

Look out!

Wash your hands!

Do not smoke!

Don't use mobile phones!

B. 학교에서 해야 할 일과 하지 말아야 하는 일을 아래에서 찾아 쓰세요.

Do	Do Not

Listen to the teacher.

Play during work time.

Shout out.

Walk in the hallway.

Run in the hallway.

Raise your hand to speak.

Thank you.

고마워.

고마운 마음을 표현할 수 있어요.

Thanks.
고마워.

Thanks.

Sure.

Sure.
당연한 거지.

Thank you.
고마워요.

Thank you.

You're welcome.
천만에요.

You're welcome.

Thank you very much.

정말 고마워요.

Thank you very much.

No problem.

No problem.

천만에요. / 별일 아니에요.

▶ 격식을 차려 말할 때

I appreciate it.

감사합니다.

I appreciate it.

It's my pleasure.

천만에요. / 제가 좋아서 하는 건데요, 뭐.

It's my pleasure.

Can you help me?
나 좀 도와줄래?

▶ 다른 사람이 하는 일이 잘 되도록 거들다

help

~를 돕다

help me

나를 돕다

▶ 일손을 보태다

give a hand

돕다

give me a hand

나를 돕다

▶ 능력을 나타내는 말

can

~할 수 있다

cannot

못 하다

can't

도움을 요청할 수 있어요.

Can you help me?

나 좀 도와줄래?

Can you help me?

Sure. What can I do for you?

물론이지. 뭘 할까?

Sure. What can I do for you?

Can you give me a hand?

나 좀 도와줄래?

Can you give me a hand?

I'm afraid, I can't.

미안한데, 못 할 것 같아.

I'm afraid, I can't.

Tip. Can you ~?는 '~좀 해 줄래?'라고 부탁하는 표현이에요.

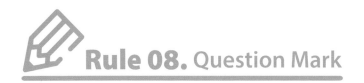

Rule 08. Question Mark

Who is he?

▶ 물어보는 문장은 물음표(?)로 끝나요.

A. 빈칸에 들어갈 알맞은 것을 아래에서 찾아 문장을 완성하세요.

1. Don't mention it

2. How are you

3. Watch out

4. What is this

5. Can you help me

?   ?   ?   !   .

B. 각 칸에 알맞은 대답을 하며 학교에 가 보세요.

Let's Have *Fun!*

A. 다음 대화를 듣고 빈칸에 알맞은 말을 쓰세요.

I'm home!

How was school today?

Good. What are you doing?

I'm cleaning the house. Can you ____ me a hand?

Sure. What can I do for you?

Take out the garbage, ____ .

Okay.

____ .

B. 상황에 알맞는 영어 표현을 찾아 연결하세요.

1. 다른 사람 앞을 지나가야 할 때 ●   ● Are you okay?

2. 친구에게 부탁할 때 ●   ● Excuse me.

3. 친구에게 미안할 때 ●   ● Thank you!

4. 친구에게 안 좋은 일이 있어
   보일 때 ●   ● I'm sorry.

5. 다른 사람이 나에게 친절을
   베풀었을 때 ●   ● Please.

6. 누군가를 처음 만났을 때 ●   ● Nice to meet you!

It's big.
그것은 커.

▶ 눈으로 무언가를 하는 동작을 나타내는 말

look

보다

look at

~을 보다

▶ 동물들

elephant

코끼리

monkey

원숭이

baby

(사람) 아기, (동물) 새끼

▶ 크기를 설명하는 말

big

큰

small

작은

크기를 말할 수 있어요.

Look at the elephant!

코끼리 봐!

Look at the elephant!

Oh, it's big.

Oh, it's big.

아, 크다.

Look! It's a baby monkey.

봐! 새끼 원숭이야.

Look! It's a baby monkey.

Wow, it's small.

와, 작다.

Wow, it's small.

Is it a giraffe?
그것은 기린이니?

▶ **동물들**

giraffe

기린

tall giraffe

키가 큰 기린

puppy

강아지

cute puppy

귀여운 강아지

▶ **누구 것인지 알려주는 말**

yours

너의 것, 너희들의 것

friend's

친구의 것

어떤 것에 대해 물을 수 있어요.

It's tall. Is it a giraffe?

키가 크다. 기린이니?

It's tall. Is it a giraffe?

Yes, it is. It's a giraffe.

응. 그건 기린이야.

Yes, it is. It's a giraffe.

This is so cute. Is it yours?

이 것 정말 귀엽다. 네 꺼니?

This is so cute. Is it yours?

No, it isn't. It's my friend's.

아니야. 그것은 내 친구 거야.

No, it isn't. It's my friend's.

77

Rule 09. Making Questions

You are a doctor.

Are you a doctor?

▶ 질문을 할 때는 단어의 순서가 바뀌어요.

A. 주어진 문장을 질문으로 바꾸세요.

1. They are students.

➡ Are they students?

2. You are tall.

➡

3. He is handsome.

➡

4. A puppy is cute.

➡

5. It is yours.

➡

월 일

Are you Minsu?

- Yes, I am.

- No, I am not.

▶ 질문이 맞으면 Yes, 아니면 No라고 답해요.

B. 그림을 보고 질문에 알맞은 답을 쓰세요.

1. Are you Brad?

➤ No, I am Tom.

2. Are you excited?

➤

3. Is your mom kind?

➤

4. Is your dad big?

➤

 # Let's Have *Fun!*

A. 잘 듣고, 빈칸에 알맞은 말을 쓰세요.

There are animals.

_____ at the gray one. It's really big.

Is it a hippo?

No, it is not. It's an _____.

What is that?
It's looking at me.
It's so _____.

It's a meerkat.

Wow, I like this zoo.

Me, too.

B. 각 동물의 알맞은 특징을 찾아 연결하세요.

elephant ●

● long

giraffe ●

● big

sheep ●

● soft

hippo ●

● strong

lion ●

● tall

It's yellow.

그것은 노란색이야.

▶ 여러 가지 빛깔

color

색깔

yellow

노란색

black

검은색

purple

보라색

색깔을 묻고 답할 수 있어요.

What color is it?

그건 무슨 색이니?

What color is it?

It's yellow.

It's yellow.
노란색이야.

It's black.

It's black.
검은색이야.

It's purple.

It's purple.
보라색이야.

What's your favorite color?

네가 가장 좋아하는 색은 무엇이니?

▶ 여러 가지 빛깔

green

초록색

blue

파란색

pink

분홍색

▶ 어떤 것에 대하여 좋은 느낌을 가질 때

favorite

매우 좋아하는

favorite color

매우 좋아하는 색

my favorite color

내가 매우 좋아하는 색

▶ 어떤 것이 마음에 들다

like

~을 좋아하다

like blue

파란색을 좋아하다

좋아하는 색깔을 말할 수 있어요.

What's your favorite color?

네가 가장 좋아하는 색은 무엇이니?

What's your favorite color?

My favorite color is green.

내가 가장 좋아하는 색은 초록색이야.

My favorite color is green.

I like blue the best.

나는 파란색을 제일 좋아해.

I like blue the best.

Pink is my favorite color.

분홍색이 내가 좋아하는 색이야.

Pink is my favorite color.

Tip. the best는 '가장, 제일'의 뜻이에요.

Rule 10. Uncountable Nouns

honey   milk   flour   butter   blue

▶ 꿀, 우유, 밀가루, 버터, 파란색 등은 하나씩 셀 수가 없어요.

~~a honey~~   ~~a milk~~   ~~a flour~~   ~~a butter~~   ~~a blue~~

▶ 이것들은 셀 수가 없어서 a 또는 an을 붙일 수도 없어요.

~~honeys~~   ~~milks~~   ~~flours~~   ~~butters~~   ~~blues~~

▶ 이것들은 셀 수가 없어서 -s를 붙여서 여러 개를 나타낼 수도 없어요.

A. 셀 수 있는 것에 ○, 셀 수 없는 것에 △를 표시해 보세요.

apple

doll

jam

pencil

water

a jar of **honey** 꿀 한 병

two cups of **milk** 우유 두 잔

a bag of **flour** 밀가루 한 포대

three tablespoons of **butter** 버터 세 숟가락

▶ 셀 수 없는 것들은 얼마만큼 있는지 개수 대신에 '양'으로 나타내요.

B. 그림에 알맞은 표현을 찾아 연결하세요.

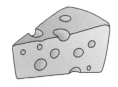

●　　　　　　　●　　　　　　　●

●　　　　　　　●　　　　　　　●

a glass of water　　a piece of cheese　　a tin of fruit

Let's Have *Fun!*

A. 잘 듣고, 빈칸에 알맞은 말을 쓰세요.

Happy birthday, Tom!

Thank you for coming to my birthday party!

This is for you.

Wow, it's a toy car! It's my favorite _____.

That's great.

Yes, I'd like some _____.

Thanks. Would you like something to drink?

Well, then I'll have a _____ of water.

Sorry, I don't have any cola.

B. 문장에 맞게 그림을 완성해 보세요.

1. My umbrella is blue and white.

2. This frog is green.

3. My lizard is orange and brown.

4. I have a yellow and purple kite.

Repeat after me.
나를 따라 해요.

▶ **수업 시간에 하는 동작**

look at

~을 보다

listen

듣다

repeat

반복하다

▶ **수업 시간에 필요한 것**

a book

책

a board

칠판

▶ **동작을 언제, 어떻게 할지 알려 주는 말**

carefully

주의하여

after

~ 뒤에, ~ 따라서

지시하는 말을 할 수 있어요.

Look at your book.

여러분 책을 봐라.

Look at the board.

칠판을 봐라.

Listen carefully.

잘 들어라.

Listen carefully.

Repeat after me.

나를 따라 해라.

Repeat after me.

22 How many pigs?

돼지가 몇 마리니?

▶ 어떤 것의 개수를 물어볼 때

How many ~?

~이 몇 개니?

▶ 동물 한 마리일 때와 여러 마리일 때

a pig

돼지

pigs

돼지 여러 마리

a tiger

호랑이

tigers

호랑이 여러 마리

동물들의 수를 묻고 말할 수 있어요.

How many pigs?

돼지가 몇 마리니?

How many pigs?

Five pigs.

Five pigs.

다섯 마리요.

How many tigers?

호랑이가 몇 마리니?

How many tigers?

Ten tigers.

Ten tigers.

열 마리요.

 **Rule 11.** Numbers

A. 다음 숫자를 읽어 보세요.

1	one	11	eleven	21	twenty-one
2	two	12	twelve	22	twenty-two
3	three	13	thirteen	30	thirty
4	four	14	fourteen	40	forty
5	five	15	fifteen	50	fifty
6	six	16	sixteen	60	sixty
7	seven	17	seventeen	70	seventy
8	eight	18	eighteen	80	eighty
9	nine	19	nineteen	90	ninety
10	ten	20	twenty	100	one hundred

Tip. 100 아래의 숫자는 '-(붙임표)'로 숫자를 합해요. (예) 23 twenty-three

월   일

B. 숫자에 맞는 단어를 연결하세요.

13   *sixty*   **52**

thirty-one

thirteen

77

31 ⋯⋯⋯ *fifty-two*

98

seventy-seven

60   ninety-eight

twenty   **20**

 **Let's Have _Fun!_**

A. 잘 듣고, 숫자에 맞게 칠하세요.

1.

A: How many shells?

B: shells.

2.

A: How many turtles?

B: turtles.

3.

A: How many dolphins?

B: dolphins.

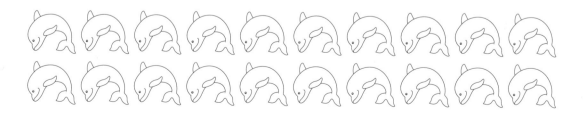

B. 그림을 보고, 물음에 답하세요.

1. A: How many bears?

   B:

2. A: How many foxes?

   B:

I have a bike.
나는 자전거가 있어.

▶ 무언가를 가지고 있을 때

I have

나는 ~이 있다

we have

우리는 ~이 있다

you have

너는 ~이 있다

they have

그들은 ~이 있다

▶ 무언가를 가지고 있지 않을 때

I don't have

나는 ~이 없다

we don't have

우리는 ~이 없다

you don't have

너는[너희들은] ~이 없다

they don't have

그들은 ~이 없다

무엇을 갖고 있고, 없고를 말할 수 있어요.

I have a bike.

나는 자전거가 있다.

I have a bike.

We don't have bikes.

우리는 자전거들이 없다.

We don't have bikes.

You don't have a bike.

너는 자전거가 없다.

You don't have a bike.

They have bikes.

그들은 자전거들이 있다.

They have bikes.

He has a new crayon.

그는 새 크레용이 있어.

▶ 무언가를 가지고 있을 때

he has

그는 ～이 있다

she has

그녀는 ～이 있다

▶ 무언가를 가지고 있지 않을 때

he does not have

그는 ～이 없다

he doesn't have

she does not have

그녀는 ～이 없다

she doesn't have

그나 그녀가 무엇을 갖고 있는지, 갖고 있지 않은지를 말할 수 있어요.

He has a new crayon.

그는 새 크레용이 있어.

He has a new crayon.

He doesn't have a crayon.

그는 크레용이 없어.

He doesn't have a crayon.

She has pretty shoes.

그녀는 예쁜 구두가 있어.

She has pretty shoes.

She doesn't have shoes.

그녀는 구두가 없어.

She doesn't have shoes.

Rule 12. have

I have 나는 ~이 있다   we have 우리는 ~이 있다

you have 너는[너희들은] ~이 있다   they have 그들은 ~이 있다

▶ have는 '~을 (갖고) 있다'라는 뜻이에요.

he has 그는 ~이 있다   she has 그녀는 ~이 있다

it has 그것은 ~이 있다

▶ he, she, it 뒤에는 has를 써요.

A. 알맞은 것끼리 연결한 후, 써 보세요.

I do not have 나는 ~이 없다   **we do not have** 우리는 ~이 없다

you don't have   **they don't have** 그들은 ~이 없다

너는[너희들은] ~이 없다

▶ have 앞에 do not 또는 don't를 붙이면 '~이 없다'는 뜻이에요.

he does not have 그는 ~이 없다

she doesn't have 그녀는 ~이 없다

it doesn't have 그것은 ~이 없다

▶ he, she, it 뒤에는 does not have 또는 doesn't have를 써요.

B. 글자를 연결하여 줄임말을 완성한 후, 써 보세요.

we		she		he
don't have				doesn't have
they		you		I

I	don't have	you	
we		they	
she		he	

 **Let's Have *Fun!***

A. 잘 듣고, 빈칸에 알맞은 말을 쓰세요.

What's wrong, Ted?

I don't _____ a sketchbook.

What? We _____ art class today.

I know.
I'll be scolded.

You can use mine. I _____ one more.

Thank you so much.

B. 사람과 물건을 연결한 후, 문장을 만들어 보세요.

Nami

Jake

Brad and Sara

have   has

a bike   cookies   pots

Nami _____.

Jake _____.

Brad and Sara _____.

Do you have a ball?
너는 공이 있니?

▶ 물건 하나와 여러 개

a ball

공

balls

공 여러 개

an eraser

지우개

erasers

지우개 여러 개

▶ 가지고 있는지 물을 때

you have

너는 ~이 있다

Do you have ~?

너는 ~이 있니?

they have

그들은 ~이 있다

Do they have ~?

그들은 ~이 있니?

갖고 있는 것을 묻고 답할 수 있어요.

Do you have a ball?

너는 공이 있니?

Do you have a ball?

Yes, I do.

Yes, I do.

응, 있어.

Do they have erasers?

그들은 지우개가 있니?

Do they have erasers?

No, they don't.

No, they don't.

아니, 없어.

Does she have puppies?

그녀는 강아지를 키우니?

▶ **그녀가 무언가를 갖고 있을 때**

she has

그녀는 ~가 있다

she doesn't have

그녀는 ~이 없다

Does she have ~?

그녀는 ~가 있니?

▶ **그가 무언가를 갖고 있을 때**

he has

그는 ~가 있다

he doesn't have

그는 ~이 없다

Does he have ~?

그는 ~이 있니?

다른 사람이 갖고 있는 것을 물을 수 있어요.

Does she have puppies?

그녀는 강아지를 키우니?

Does she have puppies?

Yes. she does.

Yes. she does.

응, 키워.

Does he have a clock?

그는 시계가 있니?

Does he have a clock?

No, he doesn't.

No, he doesn't.

아니, 없어.

Tip. '(동물을) 가지고 있다' 보다 '(동물을) 키우다'라고 해석하는 것이 자연스러워요.

109

Rule 13. Making Questions

You have a car.

Do you have a car?

▶ I have ..., You have ..., We have ..., They have ...를 의문문으로 만들 때는 Do를 문장의 맨 앞에 붙여요.

He has homework.

Does he have homework?

▶ He has ..., She has ..., It has ...를 의문문으로 만들 때는 Does를 맨 앞에 붙이고, has는 have로 바꿔요.

A. 알맞은 것에 동그라미 하세요.

1. Do   Does   you have a bag?

2. Do   Does   she have a toy?

3. Do   Does   he have sneakers?

4. Do   Does   they have textbooks?

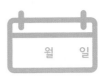

A: Do you have a car?

B: - Yes, I do.

　 - No, I don't.

A: Does he have pizza?

B: - Yes, he does.

　 - No, he doesn't.

▶ Do / Does로 물으면, Yes 또는 No로 답할 수 있어요.

B. 다음 질문에 알맞은 답을 쓰세요.

1. A: Does she have a friend?

B: _____

2. A: Do they have books?

B: _____

3. A: Does he have bananas?

B: _____

Let's Have *Fun!*

A. 다음 대화를 듣고 따라하세요.

Mom, can we ☐ a puppy?

But Bill ☐ a dog, and he lives in an apartment.

Can we ☐ some pretty fish?

Great! Thanks, Mom.

I would love to, but we can't. We live in an apartment.

Yes, but it's not a good idea for us.

Yes, you can have some.

B. 자유롭게 그림을 연결한 후, 질문에 알맞은 대답을 해 보세요.

1.
she

2.
he

3.
I

a bike

cookies

pots

1. A: Does she have a bike?

B: _____ .

2. A: Does he have pots?

B: _____ .

3. A: Do you have cookies?

B: _____ .

Sit down, please.
앉으세요.

▶ 동작을 나타내는 말

sit

앉다

stand

일어서다

▶ 움직일 방향을 알려주는 말

down

아래로

up

위로

▶ 예의 바른 말

please

남에게 무엇을 부탁하거나 하라고 할 때 덧붙이는 말

sir

(남성을 정중히 부르는 말) 선생님

ma'am

(여성을 정중히 부르는 말) 선생님

공손하게 명령을 하거나 답할 수 있어요.

Sit down, please.

앉으세요.

Sit down, please.

Yes, sir.

Yes, sir.

네, 선생님.

Stand up, please.

일어나세요.

Stand up, please.

Yes, ma'am.

Yes, ma'am.

네, 선생님.

헤어지는 인사를 할 수 있어요.

Good-bye.

잘 가.

Good-bye.

See you soon.

See you soon.

곧 보자.

See you later.

See you later.

나중에 보자.

Have a nice day!

좋은 하루 보내!

Have a nice day!

I have to go now.

난 이제 가야돼.

I have to go now.

Bye bye.

Bye bye.

안녕.

Take care.

Take care.

잘 지내.

So long!

So long!

안녕!

Tip. have to ~는 '~해야 돼'의 뜻이에요.

Yes, it is.

Stand up, please.

▶ ',' 는 Yes와 No뒤에, please 앞에 쓰고, 쉼표라고 불러요.

A. 알맞은 자리에 쉼표를 써서 문장을 완성해 보세요.

1. No I don't.

➜

2. Yes I do.

➜

3. Sit down please.

➜

4. Yes sir.

➜

5. Stand up please.

➜

Take care.

▶ '.' 은 문장이 끝났다는 표시로 마침표라고 불러요.

B. 알맞은 자리에 마침표를 써서 문장을 완성해 보세요.

1. I have to go now

➜

2. Bye bye

➜

3. Good-bye

➜

4. He has a new crayon

➜

5. I have toys

➜

 **Let's Have *Fun!***

A. 잘 듣고, 빈칸에 알맞은 말을 쓰세요.

I'm afraid, it is

____ to stop.

I'm not finished yet.

Time's up. That's all for today.

____ your book, please.

Okay.

You can finish it as homework.
Good-bye, everyone.

____ you tomorrow.

B. 그림에 알맞은 문장을 찾아 연결하세요.

● Raise your hand.

● Stand up.

● Open your book.

● Go to the board.

● Sit down.

차 근 차 근

초등영어
교과서

정답 및 대본

미리쓰기

3학년

p.14

The **dog** is my pet. 그 개는 내 반려동물이다.

His **name** is Spot. 그의 이름은 스팟이다.

He **can** bark. 그는 짖을 수 있다.

His **tail** is curled. 그의 꼬리는 동그랗게 말린다.

Tip. 문장 맨 처음 알파벳은 대문자로 써요.

p.15

I can put a space between words. 나는 한 칸 띄어 쓸 수 있어요.

p.17

B. 1. Good morning. 안녕.

2. Good afternoon. 안녕.

3. Good night. 잘 자.

p.23

Mark **has** a cat and a fish.
마크는 고양이와 물고기를 기른다.

The cat's name is Bonbon.
그 고양이의 이름은 봉봉이다.

The fish's name is Tiki. 그 물고기의 이름은 티키이다.

They live in China. 그들은 중국에 산다.

Tip. 사람 이름, 반려동물 이름, 나라 이름은 대문자로 써요.

p.24

M: A. Listen and fill in the blanks.
잘 듣고, 빈칸에 알맞은 말을 쓰세요.

W: Hello. 안녕.

M: Hi. 안녕.

W: My <u>name</u> is Yuri. 내 이름은 유리야.

What's your name? 너는 이름이 뭐니?

M: <u>My</u> name is Suho. 내 이름은 수호야.

W: <u>Nice</u> to meet you. 만나서 반가워.

M: Nice to meet you, too. 나도 만나서 반가워.

p.30

A. I / you / she / he / we / they

p.31

Jules is a pretty girl. 줄스는 예쁜 여자아이다.

➡ <u>She</u> is a pretty girl. 그녀는 예쁜 여자아이다.

Ben is a tall boy. 벤은 키 큰 남자아이다.

➡ <u>He</u> is a tall boy. 그는 키 큰 남자아이다.

Jules and Ben are friends. 줄스와 벤은 친구다.

➡ <u>They</u> are friends. 그들은 친구다.

How old is the man? 그 남자는 몇 살이니?

➡ How old is <u>he</u>? 그는 몇 살이니?

My friends and I are ten years old.
내 친구들과 나는 열 살이다.

➡ <u>We</u> are ten years old. 우리들은 열 살이다.

p.32

M: A. Listen and fill in the blanks.
잘 듣고, 빈칸에 알맞은 말을 쓰세요.

W: Hello. My <u>name</u> is Judy. 안녕. 내 이름은 주디야.

What's <u>your</u> name? 넌 이름이 뭐야?

M: Hi. <u>I'm</u> Andy. 안녕. 나는 앤디야.

W: How <u>old</u> are you? 몇 살이니?

M: I'm ten years old. And you? 열 살이야. 너는?

W: Me, too. We can be good friends.
나도. 우리 친하게 지내자.

p.38

사람		장소		사물	
teacher	Kate	school	park	desk	bus
John	Sumi	Japan	Korea	book	bag
mom	dad	New York	station	airplane	doll
				ship	pencil

p.39

teacher ➡ teachers 선생님들

cat ➡ cats 고양이들

toy ➡ toys 장난감들

apple ➡ apples 사과들

store ➡ stores 가게들

loaf ➡ loaves 빵들

p.40

M: A. Listen and complete.

잘 듣고 문장을 완성하세요.

W: I. This is <u>a comic book</u>. 이것은 만화책이다.

M: 2. That is <u>a photo</u>. 저것은 사진이다.

W: 3. These are <u>candies</u>. 이것들은 사탕들이다.

M: 4. Those are <u>cookies</u>. 저것들은 쿠키들이다.

p.41

1. What is this? 이것은 뭐야?

   <u>This is a comic book</u>. 이것은 만화책이야.

2. What is that? 저것은 뭐야?

   <u>That is a photo</u>. 저것은 사진이야.

3. What are these? 이것들은 뭐야?

   <u>These are candies</u>. 이것들은 사탕들이야.

4. What are those? 저것들은 무엇이니?

   <u>Those are cookies</u>. 저것들은 쿠키들이야.

p.46

A.

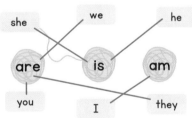

she <u>is</u>   he <u>is</u>

I <u>am</u>   you <u>are</u>

we <u>are</u>   they <u>are</u>

p.47

B.

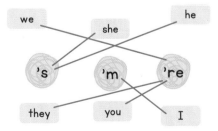

I am = <u>I'm</u>   you are = <u>you're</u>

we are = <u>we're</u>   they are = <u>they're</u>

she is = <u>she's</u>   he is = <u>he's</u>

p.48

M: A. Listen and fill in the blanks.

잘 듣고, 빈칸에 알맞은 말을 쓰세요.

W: How was your field trip? 현장학습은 어땠니?

M: It was fun. 재미있었어요.

   Here are some pictures. 여기 사진들이 있어요.

W: Let me see. 어디 보자.

   Who are <u>they</u>? 그들은 누구니?

M: <u>They</u> are John and Sumin.

   그들은 존과 수민이에요.

W: Who is <u>he</u> next to you? 네 옆의 그는 누구니?

M: <u>He</u> is Minho. 그는 민호예요.

   He is very funny. 그는 매우 재미있어요.

p.49

He is <u>Steve jobs</u>.

p.55

How are you feeling today? 오늘 기분이 어때?

I'm <u>happy / sad / tired / excited</u> 등.

행복해 / 슬퍼 / 피곤해 / 신나.

Tip. I'm 뒤에 감정을 나타내는 형용사를 써요.

p.56

M: A. Listen and fill in the blanks.

잘 듣고, 빈칸에 알맞은 말을 쓰세요.

M: Mom, there's Mr. Tim over there.

엄마, 팀 선생님이 저기 계세요.

W: <u>Who</u> is he? 그가 누군데?

M: He's my math teacher. 우리 수학 선생님이에요.

W: Where he is? 어디에 있어?

   Can you describe him? 어떻게 생겼는지 설명해 줄래?

M: He's <u>tall</u> and handsome. 그는 키가 크고 잘생겼어요.

   He's wearing a brown jacket.

   그는 갈색 재킷을 입고 있어요.

W: **Oh, there he is.** 아, 저기 계시는구나.

Let's say 'hello' to him. 그에게 인사하자.

p.57

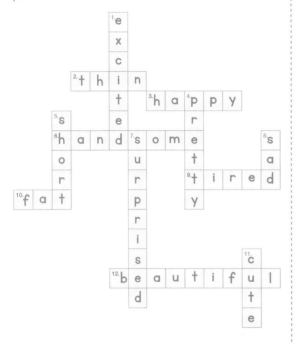

p.62

1. **What is your name ?** 네 이름이 뭐니?

2. **Do not run !** 뛰지 마!

3. **Don't sleep !** 자지 마!

4. **Who is he ?** 그는 누구니?

5. **Don't move !** 움직이지 마!

p.63

B.

Don't laugh! 웃지 마!	Be careful! 조심해!	Read your book! 책 읽어!	Do your homework! 숙제 해!
Don't touch! 만지지 마!	Look out! 조심해!	Listen to me! 잘 들어!	Watch out! 조심해!

p.64
A.

Don't run! 뛰지 마!

Wash your hands! 손 닦아!

Do not smoke! 담배 피지 마!

Look out! 조심해!

Don't use mobile phones! 휴대전화 사용하지 마!

p.65

B.

Do 해야 할 일	Do Not 하지 말아야 하는 일
Listen to the teacher. 선생님 말 들어.	Play during work time. 수업시간에 놀아.
Walk in the hallway. 복도에서 걸어.	Shout out. 소리 질러.
Raise your hand to speak. 손 들고 말해.	Run in the hallway. 복도에서 뛰어.

p.70

A. 1. **Don't mention it!** 괜찮아!

   2. **How are you?** 잘 지내?

   3. **Watch out!** 조심해!

   4. **What is this?** 이건 뭐야?

   5. **Can you help me?** 나 좀 도와줄래?

p.71

B. 1. **Good morning!**

   2. 아침밥을 먹으면 - **Yes, I have.**
      아침밥을 먹지 않으면 - **No, I don't.**

   3. 반려동물이 있으면 - **Yes, I have a pet/pets.**
      반려동물이 없으면 - **No, I don't.**

   4. **Can you help me? / Can you give me a hand?**

   5. Thank you, **Teacher.**

p.72

M: A. Listen and fill in the blanks.
잘 듣고, 빈칸에 알맞은 말을 쓰세요.

M: I'm home! 다녀 왔어요!

W: Hi. How was your school today?
안녕. 오늘 학교는 어땠니?

M: Good. What are you doing?
좋았어요. 뭐하고 계세요?

W: I'm cleaning the house. 집 청소 중이야.
Can you give me a hand? 나 좀 도와줄래?

M: Sure. What can I do for you?
물론이죠. 뭐를 할까요?

W: Take out the garbage, please.
쓰레기 좀 내다 버려줘.

M: Okay. 좋아요.

W: Thanks. 고마워.

p.73

B. 1. — Excuse me. 실례합니다.

2. — Please. 제발.

3. — I'm sorry. 미안해.

4. — Are you okay? 너 괜찮니?

5. — Thank you! 고마워!

6. — Nice to meet you! 만나서 반가워요!

p.78

1. Are they students? 그들은 학생이니?

2. Are you tall? 너는 키가 크니?

3. Is he handsome? 그는 잘생겼니?

4. Is a puppy cute? 강아지는 귀엽니?

5. Is it yours? 그건 네 거니?

p.79

1. Are you Brad? 네가 브래드니?
   - No, I am Tom. 아니. 나는 탐이야.

2. Are you excited? 신나니?
   - Yes, I am. 응, 그래.

3. Is your mom kind? 너희 엄마는 친절하시니?
   - Yes, she is. 응, 그래.

4. Is your dad big? 너희 아빠는 크니?
   - Yes, he is. 응, 그래.

p.80

M: A. Listen and fill in the blanks.
잘 듣고, 빈칸에 알맞은 말을 쓰세요.

W: There are animals. 동물들이 있네.

M: Look at the gray one. 회색 동물을 봐.
It's really big. 정말 크다.

W: Is it a hippo? 그건 하마니?

M: No, it is not. 아니야.
It's an elephant. 그건 코끼리야.

W: What is that? 저건 뭐야?
It's looking at me. 날 보고 있어.
It's so cute. 참 귀엽다.

M: It's a meerkat. 그건 미어캣이야.

W: Wow, I like this zoo. 와. 이 동물원 좋다.

M: Me, too! 나도!

p.81

elephant — long   코끼리 — 긴
giraffe — tall   기린 — 키가 큰
sheep —soft   양 — 부드러운
hippo — big   하마 — 덩치가 큰
lion — strong   사자 — 힘이 센

p.86

○ 셀 수 있는 것 apple, doll, pencil
△ 셀 수 없는 것 jam, water

p.87

1. — a piece of cheese 치즈 한 조각

2. — a glass of water 물 한 컵

3. — a tin of tuna 과일 통조림 하나

p.88

M: A. Listen and fill in the blanks.
잘 듣고, 빈칸에 알맞은 말을 쓰세요.

W: Happy birthday, Tom! 탐. 생일 축하해!

M: Thank you for coming to my birthday
party! 내 생일 파티에 와 줘서 고마워!

W: This is for you. 선물이야.

M: Wow, it's a toy car! 와, 장난감 자동차다!

It's my favorite color. 내가 정말 좋아하는 색이야.

W: That's great. 잘 됐다.

M: Thanks. 고마워.

Would you like something to drink? 뭐좀 마실래?

W: Yes, I'd like some cola. 응, 콜라 좀 줘.

M: Sorry, I don't have any cola. 미안, 콜라가 없어.

W: Well, then I'll have a glass of water.
음, 그럼 물 한 잔 줘.

p.89

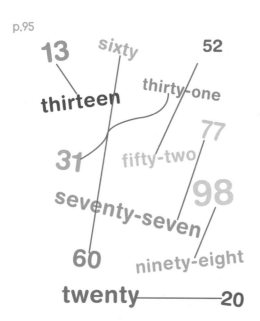

p.95

p.96

M: A. Listen and color the correct number of animals. 잘 듣고, 숫자에 맞게 동물을 칠하세요.

W: How many shells? 조개가 몇 개니?

M: Twelve shells. 12개야.

W: How many turtles? 거북이가 몇 마리니?

M: Fifteen turtles. 15마리야.

W: How many dolphins? 돌고래가 몇 마리니?

M: Twenty dolphins. 20마리야.

p.97

1. Three bears.
2. Four foxes.

p.102

A.

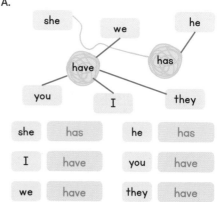

p.103

B.

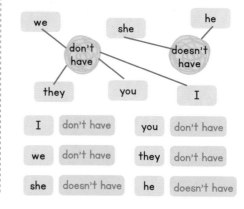

p.104

M: A. Listen and fill in the blanks.
잘 듣고, 빈칸에 알맞은 말을 쓰세요.

W: What's wrong, Ted? 테드, 무슨 일 있니?

M: I don't <u>have</u> a sketchbook. 나는 스케치북이 없어.

W: What? We <u>have</u> art class today.
뭐? 오늘 우리 미술 수업 있잖아.

M: I know. I'll be scolded. 그래. 난 혼날 거야.

W: You can use mine. 내 것을 써.

  I <u>have</u> one more. 난 하나 더 있어.

M: Thank you so much. 정말 고마워.

p.105

B. 1. Nami <u>has ...</u>

  2. Jake <u>has ...</u>

  3. Brad and Sara <u>have ...</u>

Tip. 사람의 수에 맞추어 have/has를 써요. have/has 뒤에는
주어진 단어를 자유롭게 써 보세요.

p.110

M: A. Circle the correct one.
알맞은 것에 동그라미 하세요.

W: 1. <u>Do</u> you have a bag? 너는 가방이 있니?

M: 2. <u>Does</u> she have a toy? 그녀는 장난감이 있니?

W: 3. <u>Does</u> he have sneakers? 그는 운동화가 있니?

M: 4. <u>Do</u> they have textbooks? 그들은 교과서가 있니?

p.111

M: B. Answer the questions.
질문에 알맞은 답을 쓰세요.

1. W: Does she have a friend? 그녀는 친구가 있니?
  M: <u>Yes, she does.</u> 응, 있어.

2. W: Do they have books? 그들은 책이 있니?
  M: <u>Yes, they do.</u> 응, 있어.

3. W: Does he have bananas? 그는 바나나가 있니?
  M: <u>Yes, he does.</u> 응, 있어.

p.112

M: A. Listen and fill in the blanks.
잘 듣고, 빈칸에 알맞은 말을 쓰세요.

M: Mom, can we <u>have</u> a puppy?
엄마, 우리 강아지 길러도 돼요?

W: I would love to, but we can't. 그러고 싶지만 안 돼.

  We live in an apartment. 우리는 아파트에 살잖아.

M: But Bill <u>has</u> a dog, and he lives in an

  apartment. 빌은 개를 기르지만 아파트에 살아요.

W: Yes, but it's not a good idea for us.
응, 하지만 우리에겐 좋은 생각은 아니구나.

M: Can we <u>have</u> some pretty fish?
예쁜 물고기는 길러도 돼요?

W: Yes, you can have some. 응, 길러도 돼.

M: Great! Thanks, Mom. 좋아요! 엄마, 고마워요.

p.113

B. 1. A: Does she have a bike? 그녀는 자전거가 있니?

  B: Yes, she does. / No, she doesn't.
  응, 있어. / 아니, 없어.

  2. A: Does he have pots? 그는 화분들이 있니?

  B: Yes, he does. / No, he doesn't.
  응, 있어. / 아니, 없어.

  3. A: Do you have cookies? 너는 쿠키들이 있니?

  B: Yes, I do. / No, I don't.
  응, 있어. / 아니, 없어.

p.118

M: A. Write a comma to complete the sentence.
알맞은 자리에 쉼표를 써서 문장을 완성해 보세요.

W: 1. No, I don't. 아니.

  2. Yes, I do. 응.

  3. Sit down, please. 앉아요.

  4. Yes, sir. 네, 선생님

  5. Stand up, please. 일어서세요.

p.119

W: B. Write a period to complete the sentence.
알맞은 자리에 마침표를 써서 문장을 완성해 보세요.

M: 1. **I have to go now.** 지금 가야 해.

2. **Bye bye.** 안녕.

3. **Good-bye.** 안녕.

4. **He has a new crayon.** 그는 새 크레용이 있어.

5. **I have toys.** 나는 장난감들이 있어.

p.120

M: A. **Listen and fill in the blanks.**
잘 듣고, 빈칸에 알맞은 말을 쓰세요.

M: **I'm afraid, it is <u>time</u> to stop.**
이제 그만할 시간이야.

W: **I'm not finished yet.** 저는 아직 못 끝냈어요.

M: **Time's up.** 시간이 다 됐구나.

That's all for today. 오늘은 여기까지야.

<u>Close</u> your book, please. 책을 덮으렴.

W: **Okay.** 네.

M: **You can finish it as homework.**
너는 숙제로 그것을 끝내면 돼.

Good-bye, everyone. 모두들 잘 가.

W: **<u>See</u> you tomorrow.** 내일 봐요.

p.121

B. 1. — **Open your book.** 책을 펴라.

2. — **Raise your hand.** 손을 들어라.

3. — **Stand up.** 일어나라.

4. — **Sit down.** 앉아라.

5. — **Go to the board.** 칠판으로 가라.